JN411743

김종숙 시집

# 아무래도 바다가 책이다

# 아무래도 바다가 책이다

인쇄 · 2025년 12월 10일 | 발행 · 2025년 12월 17일

지은이 · 김종숙
펴낸이 · 한봉숙
펴낸곳 · 푸른사상사

주간 · 맹문재 | 편집 · 지순이 | 교정 · 김수란 | 마케팅 · 김두천
등록 · 1999년 7월 8일 제2-2876호
주소 · 경기도 파주시 회동길 337-16(서패동 470-6) 푸른사상사
대표전화 · 031) 955-9111(2) | 팩시밀리 · 031) 955-9114
이메일 · prun21c@hanmail.net
홈페이지 · http://www.prun21c.com

ⓒ 김종숙, 2025

ISBN 979-11-308-2348-5
값 12,000원

• 저자와의 합의에 의해 인지는 생략합니다.
• 이 도서의 전부 또는 일부 내용을 재사용하려면 사전에 저작권자와 푸른사상사의 서면에 의한 동의를 받아야 합니다.
• 이 도서의 표지와 본문 레이아웃 디자인에 대한 권리는 푸른사상사에 있습니다.

전라남도 JeollaNamdo 전라남도 문화재단
이 책은 전라남도, (재)전라남도문화재단의 후원을 받아 발간되었습니다.

푸른사상 시선
221

# 아무래도 바다가 책이다

김종숙 시집

# | 시인의 말 |

햇발을 향해 가는 길이었다
꽃이 아프고 나뭇잎이 손을 놓고 다시 강이 또랑또랑 흐르고…….
그날 이들의 발화를 맨몸만이 진실이라는 말로 들었다
목련도 계수나무도 느티나무도…….
제 안의 본마음 하나면 충분했다
우린 성실한 나무였으니까

그해 산수국은 본꽃의 개화가 시작되기 전
헛꽃이 꽃 웅덩이를 마련해놓고 본꽃의 수정을 도왔다. 그리고 본꽃의 수정이 끝났을 때 그는 자연스럽게 퇴장했다.

저 발랄한 역할이라니

2025년 늦가을
김종숙

| 차례 |

■ 시인의 말

## 제1부 어느새에 묵은 잎 떨구고

## 제2부 시들지 않는 꽃

## 제3부 고욤 한 톨

## 제4부 버스가 멈추고 사람들이 내리고

제1부

# 어느새에 묵은 잎 떨구고

# 마음의 양지

상처가 꽃인 줄 모를 때 투쟁이 그저 싸움인 줄 알았다
그러나 겨울 숲 지나 봄 숲에 이르는 동안 저 실낱같은 가지 어느 것 하나
단단하지 않은 가지가 없다는 것을 알았다
저 잔가지의 결기가 허공을 물었다 놓으면 꽃이 되었던 것
저 나무 마음에 양지가 있어 저리 단단하고 뜨거웠던 것

## 어느새에 묵은 잎 떨구고 새잎 내는 걸까요

깊은 침전에서 일어나 소나무 숲에 닿습니다
마을 비파나무는 벌써 새잎 틔우고 사철 푸른 솔숲 황금 솔잎과 솔방울들

어느새에 묵은 잎 떨구고 새잎 내는 걸까요

긴 울음에서 걸어 나와 한 걸음 내디디니 한 걸음이 떼집니다 또 한 걸음 내디디고 다시 또 한 걸음 또 한 걸음이 떼집니다
신기합니다

숲에 이를 수 없으려니 기다림만 남았으려니
기린울음으로 지내다 한 걸음 내디디니 새잎 돋는 숲 또 한 걸음 다시 한 걸음
새로 난 길입니다

저 숲 늘 푸르러서 괜찮은 줄 알았는데
저 나무 헐거워진 제 몸피 들여다보일 텐데 아무 표시 안

내고 어찌 저리 푸를 수 있는지요

바람길 지나 햇살 비쳐든 오솔길 따라 걷는 나의 새길

# 전등사 가는 길

고려 가궐지 터 찾아 전등사 가는 길
좁은 계단 참 목포식당 고향 아짐처럼 아직 거기 살고 그 옆 삼학장 여관 기억 안으로 불러오고 싶은 사람처럼 거기 남아 전등사 길 안내한다

고려 오백 년 성쇠가 흰 눈발로 흩뿌리다가 멈추다가
멀리 주차 사무원 밀문 밖 나와 손가락 둘 펼치며 다가선다

어르신 추운데 안에서 받으시지 않구요
그 말 받아 무어라 하신다
*강화말씨니겨?*
다시 생경한 시다

고려 오백 년이 눈발 따라 왔던가
연백평야 흙냄새 달고 온 고려적 사람 예 아직 시처럼 살고 있네

## 물결이 상처를 물고

포구의 밤
어둠이 이리 많은 색을 가진 줄 몰랐습니다

하루가 다 저 버렸다고 세상의 색이란 색 다 데려가 버렸다고 이제 포구도 기다릴 곳이 못 된다 돌아설 그즈음
어둠이 색을 물고 찾아들었습니다

물결이 상처를 꼬옥 물고 흔들리던 밤
어둠이 빛의 다른 이름이라는 그 절대 비밀의 문을 여는 순간이 왔습니다

세상의 색이란 색 다 품은 저녁과 바다와 한라산이 서로를 두텁게 껴안고 색을 낳는
그 밤

어둠이 이리 많은 색을 가진 줄 몰랐습니다

# 바닷가 옛집

내가 두고 온 바닷가 옛집
파도가 내 귀에 집을 짓고 살던 집

어느 풍우의 밤엔 바람이 주인이던 집

어떤 날은 먼나무 아래 또 어떤 날은 감나무가 꺼내 든 등경 밑에서 이제는 먼 곳의 사람이 된 이의 문장을 꺼내 읽곤 하던 집
이를테면 루쉰이나 안톤 체호프의 문장을 꺼내 읽었던 것인데 내 일과를 종일 지켜보던 계단참 키 큰 야자수
내게 어떤 변화의 기색을 염탐하려는 듯
오늘은 어떤 이와 함께 했더냐고 돌아오는 걸음은 가볍더냐고 탐색을 늦추지 않던 집

그리하여 나는 다시 인간 군상의 부조리성과 마주하는 것인데 안뜰 백 년 팽나무 무슨 묘수가 있어 저리 단단한가
저 겨울 속눈에 답이 있나 그저 생각해볼 뿐인데
뜻밖에 저 키 큰 야자수 제 쥔 생각을 부스럭부스럭 내려

놓기도 하던 집

이런 날 바다도 더 깊숙이 들어와 출렁거리던 나의 옛집

지금은 어떤 이 들어 저 바람의 말에 귀 열고 있나

# 니체의 나무

한 해에 두 번 혹은 세 번씩이라도 스위치를 켜는 나무 뜰에 있네
봄빛에 일어선 자목련
봄 가고 가을 오도록 두 번 혹은 세 번씩이라도 필라멘트에 전류를 흘려보내는 나무
처음엔 뜻도 없이 색을 물어오는 그 나무 참 철없다 나무랐는데

이는 미시적인 부분을 간과한 일반화의 오류
내가 본 것은 하나의 현상

입추 지나 풍우에 다시 다 잃어버린 나무

주인도 나도 번갈아 그 나무 밑 조용조용 다녀가곤 하였는데 다시 무슨 생각처럼 무성한 잎과 꽃을 세 번째 물어왔네

꽃은 혼돈의 도상, 그제야 그가 혼돈*을 품었다는 것을

알았네

* 프리드리히 니체 철학에서 옴.

## 콘트라포스토

헤븐리 카페 앞 가로등
바다 쪽으로 3도 기울어져 있다

저것은 그리움의 각도

너는 잠 못 드는 밤이다
외롭지 않고 그리움을 알 리 없다 고독하지 않고 고독한 바다를 동경할 리 없다

너는 자코메티의 걷는 사람
그러므로 우리의 기움은 생명의 허약을 딛고 앞으로 나아가려는 콘트라포스토

너는 부족한 언어를 찾아 나선 시인의 불면

시가 오지 않는 날 책보자기 싸 들고 거리로 나와 오지 않는 시를 기다리는 시인의 사색

너는 길 위의 고독을 선택한 호모 비아토르

체중 대부분을 한쪽 다리에 옮겨 싣고 막 첫걸음을 옮겨 딛는 너는 일감을 찾아 새벽 거리에 나선 성실한 일꾼

지하도 지나 횡단보도 건너 숲의 소리 길에서 새 걸음을 내딛는 너는
바닷길에 와 잠시 숨 고르는 걷는 사람이다

# 어둠을 읽는 방법

먹빛 어둠을 찾아 나섰지요

사방 칠흑 어둠과 맞닥뜨려야 보름치 비 같은 유성우를 만날 수 있다길래 어둠 속 찾아들었지요

지독한 어둠을 만나 캄캄하게 울던 내가 어둠만이 빛을 담보한다길래 먹빛 어둠 속 찾아 들었지요

내 생에 어둠의 행방을 찾아 나서기는 처음 거침없이 어둠의 진지로 파고들기도 처음

이윽고 찾아든 별의 순간

어둠에 들지 않고 어둠을 관통하는 일이란 없네
마음의 심지 곧게 내리고 깊숙한 어둠의 속살 파고들어야 만날 수 있는 것들 있었네

어둠이 견디면서 품고 있는 것들

## 흰

좀처럼 물러나지 않을 것 같던 풍우가 멎은 날

저 바다 온통 흰

저 숫눈의 대륙 위로 내리붓는 폭설

아직 끝난 게 아니었습니다

저 물성을 바꾸는 비장한 가슴은
저 담대한 서사는 어디로부터 왔던 겁니까

어떤 상황 앞에서는 버팀도 겨워 설원을 세우고 유폐를 결행했던 것입니다

단 한 번도 죽고자 한 적 없는 자연
오직 살리기 위해서만 흰 위에 선 날입니다

모든 극약처방이 결정적인 순간임을 알려왔듯

## 여백의 힘

저 뜰
붉음이 들어찬 자리

하룻밤 사이에
빈손이다

붙든 것 다 내려놓았다

저 나무 강단 없이 내려놓았을 리 없다
떨침 없이 새날이 올 리 없다

저 나무

여백의 힘으로
찬바람 속 걸어 든다

## 그 바다에

절망을 만나
바다에 나갔습니다

퍼렇게 엎드린 바다 그곳에도 바람은 불었습니다
누구나 시림 한 가닥 안고 산다고 바람이 불었습니다

칼날에 베인 가슴 씻으러 바다에 내려갔다 발밑이 서걱
서걱 서걱

다시 그를 찾았을 때 파랑파랑 춤추는 그리스인 조르바가
그 바다에 있었습니다

## 당신이 한 일

날마다 당신 앞에 앉았으나 당신이 저 바다에 수평선을 거는 줄 몰랐습니다

빗소리가 수평선을 지운 날
당신은 일을 놓치고 우리와 발가락 장난을 하고 호남가를 부르고…… 또 또 방을 쥚어지고 앓았습니다
그러다 하늘이 열리고 당신이 저 나무 대문을 밀고 나서면 어김없이 푸르게 걸리는 수평선
그러니까 수평선을 띄운 건 당신이었습니다

과묵한 당신인 북통의 힘줄을 힘껏 당겼다 놓으면 푸르게 걸리는 수평선

우리 식구 당신이 걸어놓은 등뼈에 걸터앉아 남들처럼 살았던 겁니다

# 암흑기

1마력이
몸을 부러뜨리고 정신을 무너뜨리고
중심마저 주저앉힌 날 인공관절이 들어왔다

일상이 실족되고
내가 돌아가야 할 곳이 더도 덜도 말고
어제처럼 일어나고 가족을 살피고 관계 맺고 헤어지고 걷고 앉고
평범한 일상의 회기라는 것에
나의 인식이 재채기를 한다

칠흑 독방에서 세상 속 걸어 나왔을 때
이 명징한 사실이 진실이라고 뼈에 각인되어 내 안에 들어와 있었다

## 당신은 무심의 옷을 걸치고

부모를 극진히 모신다는 이 만나면 의리를 지킬 줄 아는 이 같아 마음이 간다던 내가
생활에 휘둘리지도 타협하지 않는 신의가 고맙다던 내가

호사를 위장한 수식어에 마음을 매단 이들이 공조해 성장시킨 노인 요양병원 그러나 파다한 소문만은 피할 수 없어 알 만한 사람은 다 안다는 요양병원 앞

어찌 예서 아비를 찾나 내가 속상해 울고 있으면 강바닥처럼 숨 낮춰 기다려주시던 당신 국립여중학교에 들었다고 당신 가계에도 중등교육 받는 사람 하나 났다고 자랑삼으시던 당신
이제 높은 공부하는 사람 되었다고 사뭇 다른 태도로 대해 주시던 소박한 당신

어린 풋감 같은 내게 뿔도장 새겨 통째로 넘겨주시던 당신을 어찌 예 와 찾나

내게 내가 부끄러워 쭈뼛쭈뼛 당신 앞에 서자
당신은 무심의 옷을 걸치고 저를 맞으셨습니다

*왔냐, 어직께 나 이리 왔다*
*바쁜디 어치게 왔냐*

# 흰 꽃의 거름 되었을 거야

저도 나만큼 가슴 움켜쥐었던가
딸애는 새로 들인 인공관절을 가슴이라 부르며 때때로 안부를 물어왔다
엄마 가슴이 잘 있어?

그제야 나도 새 식구 돌보느라 잊고 있던 통증의 안부가 궁금해졌다

아마 흰 꽃의 거름 되었을 거야
풀숲 냉이꽃 되었을 거야

이슬 밟고 소 먹일 꼴 베다 부려논 그 꽃 짐 속 흰 꽃 되었을 거야

# 제2부

## 시들지 않는 꽃

# 석 달

의사는 석 달 후에 보자며 퇴원증을 끊어주었다

한 사람을 만나 관계를 지속해야 할지 멈춰야 할지 판단이 서는 때가 있으니
석 달 그즈음

석 달은 삽목한 가지가 뿌리를 내려 햇순을 틔우는 데 걸리는 시간
우리의 관계가 안정적이기를
눈 내리는 겨울 공원을 몇 바퀴 몇 바퀴씩 돌던 그날처럼 스스럼없기를
그리하여 그 시대 우리의 연애처럼
모든 반경의 일들이 서먹하지도 낯설지도 않기를 친밀해지기를

그리하여 석 달은 다음 단계로 넘어서기에 맞춤한 시간

## 내가 살아야 식구도 살게 하지

1마력의 힘이 꽁꽁 언 시멘트 바닥에 나를 쓰러뜨린 날
처음 만난 의사가 말했다
*인공관절 치환술 말고는 대안이 없습니다*
수술 후 두 달은 깁스 상태를 유지해야 하고 예후가 좋으면 침상 생활을 정리하고 재활로 들어갈 것입니다. 내구연한 10 · 15년, 탈골 등 이차적 변수는 환자의 생활 태도에 달렸습니다
수술 대기 삼 일째
욕창 전 단계가 시작되었다
사고 오 일째 새로 만난 의사가 말했다
*검사결과 수술 이외 판단은 어렵겠습니다*
오늘 수술하고 내일부터 재활 치료 그리고 수술 4일째 되는 날 퇴원해 일상 속 재활로 들어가시면 됩니다
예상 내구연한 20 · 25년, 개인차는 있으나 일부 영구적이라는 의견들도 있긴 합니다

긴 암흑기를 빠져나와 새날이 손에 잡혔을까 울대를 치고
터져 나오고는 울음이 있었다

피투에 놀란 두려움이 아니라 새날의 환희가 건넨 기투의 웃음이

## 돌풍에 소나무 숲이

앞뜰 소나무 숲이 위태롭다
돌풍에 넘어지겠다

이른 하오의 문이 열리고 당신이 들어서고
순한 푸성귀 내음 따라 들자 당신은 활기롭게 주머니 안쪽을 더듬었다
당신의 동작은 끝날 것 같지 않았고 더 커지고 더 부산해졌으며 바지가 거꾸로 쳐들렸다
바닥이 드러난 솔기 끝 실오라기
허무와 낙담을 증명하고 나섰다

*어쨰 없다냐*

수색이 끝난 바지가 주저앉고
골목을 되짚는 당신의 걸음이 비칠 비칠 비칠

그날 아비의 손을 놓친 아비의 노임은 막막한 시간을 어

찌 건넜나

이제 보니 저 돌풍에 갇힌 솔숲
이도 삶이라고 춤을 추는 것 같네

## 그 겨울의 항거

건물 2층 벽체에
자리를 튼 방가지똥풀

가파른 살림이다

내 아버지 저리 팍팍한 생을 건널 때 나는 철없는 여중생

*내 힘으론 너를 더 갈칠 수 없어야*
*동생들도 많고 하나 있는 니 남동상 저걸 갈쳐야 안것냐*

사흘 나흘 남루에서 마저 튕겨져 나와
내가 없으면 좋겠다고 내가 나 아니었으면 좋겠다고

그러나 이것이 미래에 속한 일이라
*이런 게 무슨 부모야, 그럴 거면 날 낳지 말았어야지 겨우 이럴 거면*

아버지는 방에서 엄니는 부엌에서 그리고 우린 아무 말이 없었다

## 자작나무 숲

자작나무 숲엔 햇살을 바싹 움켜쥔 손바닥 같은 소녀의 당찬 손이 있다

태곳적부터 멈추지 않는 저 수직의 중심 잡기

자작나무 숲 흰 뼈에는 단단함이 있다
어둠을 몰아내려는 묵언이 푸르게 일어서리라는 다짐이

생각 하나를 부러뜨릴 때마다 생겨난 검은 생채기는 그가 벗어날 수 없는 비애

백결의 한지로 문고리를 봉한 저 묵언의 멈춤
벌레의 침습을 거부한 팔만대장경이 있다

일보(一步) 일보, 백화 수피에 또렷이 새겨논 저 침잠의 흔적
가난한 마음이 강추위를 견딘 다짐이 있다

이 계절 수척해지지 않으려 어렵사리 수액을 옮기는 느린
걸음
수직의 길을 내는 저 직립의 보행이 자작나무 숲에 있다

## 아버지의 시간

당신이 두고 간 게발선인장 축제처럼 붉더니 통꽃으로 무너지네

한 꽃이 제 숨에서 죽음을 들여다보는 일은 참으로 무정한 일

한 이별이 무연히 제 발등 내려다보는 일은 참으로 쓸쓸한 일

한 통증이 전신에 독극물이 스며들기를 기다리는 일은 더없이 지독한 일

생은 어느 하루 이별 앞에 서는 일이라 아득한 일

당신 없는 당신의 날을 소환하는 일이라 눈 시리게 아파 더욱 아름다운 꽃

# 모든 버팀에는

갯가에 들어 매 고둥을 들어 올리지만
거개가 게의 집이다

세상 물리에 밝은 녀석들 벌써 자취를 감추고
뒷배 허약한 녀석들만 저항도 없이 딸려왔다 버려졌다

나도 몇 번의 빈 손질 끝에
몸을 새로 써야 한다는 것을 알게 되었을 즈음

저 생명들 몸에 힘을 주어 용을 쓴다는 것을 알았다
소중한 것을 지키기 위해 입을 지키기 위해 온 힘 다해 버틴다는 것을

밥을 벌러 나간 식구를 기다리는 가족이 저들에게 있다는 것을

모든 버팀에는 생존이 버티고 있다는 것을

# 내소사 솟을연꽃살문

내소사 솟을연꽃살문
물색 다 버린 선한 나무꽃이여

가난한 이름 하나로 적막의 그늘 지나고 있구나

저녁이 오는 소리 홀로 알아들으시고

*애미야, 애미야*
*나 좀 봐라*

자분자분 혼자 부르시다
맑음 속 드신 내 아비

저 꽃 창살 너머 계시나

기억의 지문만 오롯한
시들지 않는 나의 꽃이여

## 새벽 산사

흰 목수건을 두른 스님 한 분
안개 속에서 걸어 나와 비질을 한다

휘– 둘러 보아도 쓸어버릴 것이 없는데 스님은 무엇이 보이는가

싸– 악 싸– 악

귀퉁이에서부터 성큼성큼 뒷걸음치는 스님 좇던 나는 무슨 생각을 하였던가

대빗자루 끝 스님 잃고 두리번두리번….

찾는 스님 아니 계시고 대빗자루 지나간 자리마다 대연꽃 대연꽃

미명에 다시 길 위에 선다

## 벚꽃이 진다 포부가 진다

연장창고가 주인을 잃었다
나도 아버지를 잃었다

창고는 주인이 없고 나는 다정한 목소리가 오는 길이 끊기고
두문불출 두문불출

나무 계단 밟고 오른 벚꽃 동산

당신의 포부가 진다
무더기로 무더기로 진다

가르쳐야 사람으로 살고 배워야 의견이 선다는 씨앗 같은 말씀 안고 향한 도시 이삿짐 트럭에 식구들 싣고 문명이 산다는 도시로 도시로
당신의 신념이 진다

서러워 마라 애닯아 마라

당신의 순한 날숨이 진다

*애미야, 머시냐*
*내가 널 가르쳐야 했는디야*

*그때는 나도 영판 심들었다*

그 말씀 오면서 절뚝인 것도 같고 넘어져 주저앉은 것도 같은 당신의 회한이 진다

# 아버지 살림

10촉 전구 아래 애지중지 털고 기름칠해 살뜰히 보살피던 아버지 살림

주인 잃은 기역자 먹통 대패 송곳 펜치 짜구 빠루망치 오함마 큰 못부터 잔못까지…….

일과 마치고 창고 앞에 쭈그려 앉은 아버지
이것들 보물 다루듯 손봐 창고 문 밀어 닫아야 몸 씻고 저녁상 당겨 앉으시던 것인데

아버지 집 떠나고 집에 아버지 살림 변변한 것 하나 없다 울다 계단참 연장창고 나와 아뜩하니 마주친다
아버지 살림이 연장창고 하나라니

우리 식구 먹여살린 연장이 아버지였는데

## 사평 가요

아버지 지업사 다녀가시나
대롱 안쪽 오른손 엄지 찔러 잡고 건널목 건너시네

아, 아직 이 도시에 나와 함께 계셨구나

억울할 때 쑥국새처럼 쑥국쑥국 울고 싶었는데
아버지 옆방에 두고 밤새 눈처럼 소리 없이 내리다 오고 싶었는데

당신 생각의 끝은 조상님께 부끄럽지 않은 후손이 되는 것 그 숙제 마치고 선산 드셨는데

위성사진 사진 속 당신
집으로 가고 계시네

아버지, 맛난 것 먹으러 가요
다슬기국 먹으러 사평 가요

## 곡예사

가난도 길이 들면 놀이가 되는가
가난도 훈련이 되면 근육질이 생기는가

나는 가난이 의기소침이었는데 엄니는 가난으로 재주를 잘도 넘는다

엄니 맘에 마땅한 나는 당신이 부리는 어릿광대
마수걸이는 흥정이 푸지고 물건이 좋아서, 막 기차 떠나기 전 파장 인심은 후해서

두부는 갓 모로 사 와라
콩나물은 오십 원어치씩 둘로 나눠 담아달라고 해라 돼지고기는 칼이 지나가기 나름이다
반 근씩 나누어 끊어달라고 해라

엄니의 능수능란한 곡예도 보이지 않는 곳에서는 물집이 자라 눈물처럼 수포가 터져 흘렀다

그 타박 다 받아 내는 아버지가 안됐다고 생각하던 날들이었다

# 푸른 밤*
—분꽃

고서점 앞을 지나다 너를 보았다
너는 문을 단단히 닫아건 까만 씨앗

눈 내리는 날 주머니에 손 넣어보아도 너는 그제껏 거기 있다
계절을 놓치고 부스럭 내 손을 맞잡는 너는 나의 어둠
잠 못 들고 휘적휘적 네 있던 자리 찾아가면 달그락 내 손을 맞잡는 너는 내 오랜 벗이다

난 널 너무 오래 붙들었다

이제 너의 길을 떠나야 하리 이제 너의 계절을 살아야 하리

이윽고 너와 억지 이별을 하고 혼자 울던 밤
너는 내 창 아래 와 하늘이 울리도록 노래를 한다 달빛 아래 너 하나 나 하나

이제 너는 푸른 밤이다

* 서순례 작가의 작품 화제.

## 꽃무릇과 너

외진 곳 산비알 홀로 꽃무릇 저 붉음 바래지고 나면 그제야 제 때인 듯 나타난 너 때문에 지치고 지치는 꽃무릇

외떨어져 홀로 붉은 저 꽃대 일생을 한 걸음 늦춰 오는 당신 때문에 내가 애타 서럽더라

제3부

# 고욤 한 톨

# 아무래도 바다가 책(冊)이다

해안가 정자에 나와 책을 펼쳐 읽는데 아무래도 바다가 책이다

저 낱장 바다가 일으켜 세운 주름을 읽을 일이지 글자를 읽을 일이 아니다 저 주름의 역사를 읽을 일이지 몇 줄의 언어로 필설해놓은 재현을 읽을 일이 아니다

재현은 힘 있는 자들의 편에 선 기호

우리가 어떻게 살아야 하는지 알리려 바다는 있다

동사(動詞)의 말로 거기 있다

# 말리화*차

서화(瑞花) 소복한 창가에서 말리화차를 마신다.

이육사가 난징 군관학교 시절 윤세주와 자주 마셨다는 말리화차, 이육사가 신석초에게 베이징행을 알리며 마셨다는 말리화차

조선 내 항일운동 무장단체에 공급할 무기를 움직이려다 발각돼 일본영사관 지하 감옥에서 마지막 행장을 마분지 조각 위에 옮겨 적었다는 베이징행

나는 말리화차를 앞에 두고 절정 앞에선 이육사를 생각하고 이육사는 말리화차를 앞에 두고 그가 가야 할 길과 해야 할 일을 생각했을 것이다

아니다 육사는 높은 정신이 가고자 한 길과 하고자 한 일을 마음으로 먼저 가고 있었을 것이다

저 눈길을 지나 소나무 숲 지나 북방으로 북방으로
꽃씨 한 줌 우리 가슴에 심어주고

* 재스민.

## 홍매화

옛 마을 자리 홍매화
북쪽으로 뻗은 가지 문고리 맵게 잡은 주먹에 아직 힘이 실려 있고 님으로 뻗은 가지 점점이 꽃빛

한 처마 일이건만 지척이 이리 먼가

# 그늘에 동백이

태흥리

노인의 집을 에워싸고 있는 동백나무 수 그루

기억에서 쏟아져 나온 붉은 숨이

하나둘 셋……. 아홉 스물…

더는 샐 수 없는

붉은 숨

돌트멍 동백
검은 어둠 위 충혈된 눈

어떤 세상은 저리 웅크러지지 못하고

끝내 붉은가

꽃은

그늘에서도

꽃이다

# 사월, 산자락

사월
산자락

자욱하다

무자년에 쫓겨 든 이
아직 거기 계신가

아직 아니 내려서셨나

느엿 느엿
밥 짓는 연기

자욱한
사월 산자락

## 공리주의의 눈

서귀포의 사월은 감귤 향기로부터 오는데요

요 밀랍 같은 흰 향기가 섬을 깨우러 내달리는데요 요게 가을 끝 초동에 이르면 이곳 섬사람들 성품만큼 바지런히 황금 주머니를 매다는 것인데요

저 같은 공리주의 교육을 받은 외지인의 눈에는 셀 수도 없이 매달린 저것들을 왜 솎아내지 않는 것인지

나무마저 잃는 건 아닌지 오며 가며 그 걱정 그 생각뿐이었는데요

이곳 섬사람들, 작으면 작은 대로 크면 큰 대로 제 형편 따라 남의 손 타지 말고 잘 자라기만 해라 속 숨어 숨만이라도 지켜내라 신목(神木)처럼 바람의 말로 이르는 것이었는데요

저야 왜 그런가 그 속사정 알 길 없었는데요

도령ᄆᆞ루, 빌레못굴 담에 매쳐 죽여븐 네 살 어린 애기

무등이왓 대나무 숲 우영팟, 모슬포 섯알오름 수령 지나 정방폭포 의귀 수망 한남, 산지항 먼 바당 너븐숭이 선흘곶 터진목 한모살로 이어지는 죽음의 낭하 건너

헛묘 앞에 선 섬사람들

중하지 않은 목숨이 어디 있냐고

그 생목숨 받들고 사는 중이었다데요

# 어떤 청소

원칙과 도덕에서 벗어날수록 은폐는 치밀했다

오월의 등화관제는 시선을 차단하기 위한 연막탄 조명탄은 격발 방향을 정조준하기 위한 시전
총성은 야경꾼이 위험하다는 신호

아침이 오고
걸어 걸어 도착한 도청광장 분수가 치솟고 있다
아무 일 없다는 듯 무슨 일 있었냐는 듯 도청 앞 분수가 분수가

무고한 주검은 다 어디로 빼돌리고 물의 축제인가 분수가 치솟는단 말인가

물청소를 했구나 금남로 은행나무 불러 입단속을 시켰구나

풍경으로 치솟는 저 분수는 믿을 것이 못 된다

저것은 은폐를 위한 풍경, 희곡의 배경

그러나 저 무대 위 분수는 시민군의 콩피당트

# 벚나무 노인

포구로 가는 길
기축년 재건 사업 때 지어졌을 주택들
그 옆 블록 담에 몸을 기댄 벚나무 노인
빈 뜨락에 혼자다

그 집 앞 지날 때도 되짚어 올 때도
그 뜨락 그 자리 동무도 없이 늘 그 자리

무엇을 본다는 것도 무엇을 생각한다는 것도 없는 듯 혼자인 벚나무 노인
그러나 저 응시가 동녘 밭에 있다는 것을 아는 사람은 다 알아 그의 시선 간섭 않고 오고 간다

그들만 읽을 수 있는 공통의 지문지도가 서로를 연결하고 있어 그 힘으로 봄 오면 저 나무에 꽃물이 찾아 든다

# 못 갖춘 말

마래터널 지나 억울한 죽음 자리

이 마을 조무래기들 바다에 뛰어들기 전 돌멩이 하나씩 협곡 아래로 내려보냈다지

통한의 주검을 달랠 방도라곤 오직 이것뿐
가슴에 갇혀 돌덩이가 된 어른들 말 저 협곡 아래로 아이들이 전했다지

그리고 백 년을 묻어둬야 겨우 세상의 언어가 될지 모를 못갖춘마디 같은 못 갖춘 말
백비에 새겨 가뒀다지

구음으로만 흐르는
묵음 여섯 마디

# 흉터의 내력

삼양 해수탕 한켠
노인의 등에 붙은 고욤 한 톨이 노인을 애먹이고 있다

어르신 제가 등 밀어드릴게요

네게 등을 맡긴 이 팔순 노인의 가슴에 울고 간 새 몇일까
이 흉터 칭얼대는 동안 얼마나 많은 새들 그녀 곁에 와 울다 갔을까
나는 저물어가는 성체(聖體)에 손을 얹고 그녀 자신도 또 누구도 알아채지 않게 그녀의 그늘을 지우고 지운다

어르신 더 가려운 곳 없으세요

노인은 들었는지 안 들었는지 답이 없고 나는 속 숨은 긴 침묵이 깨어날까
흉터의 내력을 묻지 못했다
아니, 묻지 않았다

## 호모 사케르

한모살개 모살물애기
꿀렁꿀렁 드는 물에 젖 무는 소리 당캐바당 모래 밑이 무렵게 운다

싸르르 싸르르
들물에 차오른 젖 지그시 누르고 와 젖 물리는 모살물어미

불바람이 어미 살점 헤집고 갈 때 몸애기도 함께 솟구쳐 천지사방 핏빛으로 깨지는 소리 붉었는데
하루도 거른 적 없는 젖물 때
들물에 묻어와 젖 물리고 하울링 하울링……. 날물은 본 적 없다 그런 적 없다 그 흔적 지우고

입에 담을 수 없어 그만 몹쓸 짓
붉은 물 쏙 빼내야 한다고 씨 종자를 말려야 한다고

재물로도 쓸 수 없고 죽음마저 무가치한 호모 사케르
오늘도 공공연히 은밀히 출력되고 있는 호모 사케르

## 바람의 노래

해 저물어 간단치 않은 사람의 마을로 돌아가는 길
녹슨 철조망이 등산로 가장자리를 경계 짓고 있습니다

붉게 독 오른 철책이 아까시나무 살점을 비집고 들어 횡포를 부리는데
저 나무 심장 언저리까지 베이고도 노래를 부릅니다

초지를 찾아 달려온 유목민의 형형한 눈빛
오들오들 떨며 부르는 바람의 노래 아까시꽃 눈물처럼 맺혔습니다

## 푸코의 담론

남조로 삼나무 숲 지나 남원 가는 길
먹빛 정장 차림 까마귀

두 발 모으고 머위잎에 들치는 빗방울같이
둥근 리듬으로 통통통 바른쪽 끝에서 건너편 끝까지 횡단을 한다

나도 차를 멈추고 기다리다

*참, 요염도 하여라 까마귀 형편에…….*

입 밖에 내다 삼킨
까마귀 형편

짙어가는 해무에 더 축축이 젖는 까마귀 형편

나는 어느 사이 권력에 결탁한
구부러진 담론의 생산자가 되었던가

## 사표(師表), 전봉준

대해를 향해 가는 만경강은 동상면 사봉리 밤샘에서 발원한 물이라더라

세심 청류 삼례 지나 대야들과 김제평야 고루 먹이나니 그예 흰 쌀밥이 백성의 것이라

만물의 원인 거슬러 보면 멀고 멀어
시천주 이르길 사람이 하늘이라

한 방울의 물이 열을 모으고
다시 그 열이 백이 되고 백이 수천수만에 이르렀나니

녹두꽃, 녹두꽃 환한 세상
그 밭 일궜더라

보국안민 관민상화 이상국을 실현하겠다던 전라도 사람 전봉준, 동학년 녹두 부대가 이천이십사 년 남태령에 나타났더라

백삼십 년 전 혁명가 녹두가 이 시대 폐정개혁안을 싣고 서울로 서울로 진격했더라

동서남북 홍길동처럼 살아와 광장 가득 민중의 꽃 피웠더라

# 재동 백송

박규수 집터의 재동 백송 한 그루

조선 개국 이래 시대 따라 사람도 주인도 다 바뀌었으나 백송만은 스러지지 않고 제 터 지켜왔다는데 지금은 6월항쟁이 피워 낸 헌법재판소 재동 백송으로 불린다는데 600년 격변의 소용돌이 무연히 지켜보았을 저 백옥 같은 성체, 찾는 이 걸음의 무게에 따라 상서로운 기운도 더하고 덜하다는 헌법재판소 후정 재동 백송

오늘날 헌재 소유인 이유 따로 있을 것이네

제4부

# 버스가 멈추고 사람들이 내리고

# 지금

꽃이 핀다
꽃이 진다

담 너머 연보라 우창꽃

볕이 넓어 우리의 우울까지 말려주는 남원 포구 저 바람 속 저 비 저 햇살에 꽃 오고 꽃 간다

한 꽃이 흔들리면 또 한 꽃이 따라 흔들려 내가 나인가 묻는 꽃의 시간
버스가 멈추고 사람들이 내리고
나비 한 마리 사위를 흔들고 빛 속으로 사라지면 또 한 꽃이 이마를 훔치고 구름 속을 뒤진다

낙화마저 아름다운 이 연화를 뉘라서 서럽다 탓하랴
멈춤이 영원이라면 한낱 박제에 그치고 말일

벗이여 저 맑음 속 낙화를 멈추라 마소
별채 방에 불빛 새어나거든 자연 닮은 순한 사람 머물러 왔다는 뜻이려니

## 풍경의 주인

남원 선생댁 이 층에 세 들어보니 바다를 지척까지 당겨 열두 폭 병풍처럼 펼쳐 쓰고 있다
이만한 풍경이면 풍경 값이 비싸지 않느냐 물으려다 그만 묻지 않고 살기로 했는데 이 집 주인
저 풍경 값 바다 씨가 아니라 세 든 내게 돌려 갚고 있는 것이다

종일 목탁 소리 울려 집 한 채 캐내는 오색딱따구리처럼 궁구해 얻은 풍경 한 채 바람길에 달아 걸고 주유천하 길 떠나는 것이라
바람과 햇살이 먼나무 열매 붉게 물들이고 청소 마친 웅덩이로 목욕 나온 박새 떼 팽나무 위 수평선을 밟는 것인데
이런 날 한라봉도 풍경 값에 보태라 서둘러 익어갔다

나도 이 풍경의 초대에 수수 빗자루 챙겨 바람을 모으러 내려서면 아, 수천수만 수레 밀감꽃 향기
이 꽃 쓸어 아궁이에 넣으면 꽃 피고 열매 맺고 새들이 놀러 오고

어느 설국의 아침엔 홀로 골똘한 괴석 옆 홍매화 점점(點點)이 꽃물 드는 것인데

이 집주인 목공가 남원선생 저 큰 바다를 다 모르고 툼벙 툼벙 물결을 끊어 도면을 친 탓에 그도 나도 오리 밖 세상과 절연하고 수묵 화첩 속 걸어들곤 해서

이런 날 남원선생댁 마당은 하얀 화선지

해무가 붓질해놓은 석매도(石梅圖) 한 점 서귀포 바닷가 어름 어디 있네

# 꽃과 새*

싸락눈 밤새 나려 내 한구석 아려오면 어디선가 너 날 찾는다는 뜻인가 보다

어느 하루 내 가슴 뛰는 것은 그리운 것들 온다는 뜻인가 보다

봄 흙에 네 생각 심어두고 맑은 풍경에 나 놓여 너 기다렸더니
그 씨앗 네게 닿아 네 영혼 흔들었던가 보다
그리하여 온다는 전언도 없이 너 날 찾아오는가 보다
저 눈 속 맑은 풍경
그게 너였는가 보다

백양목 같은 싸락눈 소리도 없이 나리는 길을 밤새 걸어 너 날 찾아왔는가 보다 그랬는가 보다
우리 그리 에돌았는가 보다

저 들판

우리 둘 발자국 지우느라
종일 흰옷 벗어 덮는가 보다
그런가 보다
그러는가 보다

* 서순례 작가의 작품 화제.

# 우화의 계절

나비 떼 정원 가득 모여들면 오늘 비는 멎었다는 얘기

황금공작측백나무 위 소철꼬리부전나비떼 둘이 둘이 지금 사랑 중

때는 우화(羽化)의 계절
날기 위해 새 생명을 잉태하기 위해 종을 지키기 위해 변태를 거듭하고 거듭해 얻은 날개

저 숲 생명들
벗어야 할 것이 허물이란 걸 알고 진통 중인 그대들의 숲

내일이면
내일이면

그대도

나비

# 말의 부리

하귤나무가 내려논 꽃의 말을 줍네
새의 부리 닮은 곧고 담박한 말

우리의 말은 늘 불안정해 시끄럽고 우리는 또 쓸 말을 찾아 말의 유희에 빠져들고

어떤 이의 말이 이리 아정하고 향기로웠나
여태 만난 적 없는 말의 부리

돌확 주변에도 석등 위에도 나무 아래도

한 소쿠리 쓸어 검은 흙 위에 쏟아부으며 나도 다음 생에는 고운 부리 갖고 싶어 꽃꽃꽃

## 달을 데리고 다니는 남자

그가 없는 섬이 속이 빈 편지봉투 같다 그가 들자 무료했던 처마에 달이 걸린다

달은 순식간에 자라 마당으로 나오고 이내 표류하고 있던 섬을 구하고 옥희와 옥희 어머니를 구할 것 같던 사랑 손님처럼 그가 다시 섬을 떠나자 그믐밤이 찾아 들었다

흰 스피츠와 함께 얄타에 온 안나 세르게에브나*처럼 도시의 소란에서 탈출한 그가 제 해진 아가미를 바지랑대 끝에 내어 말리고 다시 수선이 끝난 자신을 챙겨 섬을 떠날 때 달도 함께 데려가 버린 까닭이다

달이 뜨지 않는 밤,
섬은 혼자 남아 그가 동경하는 것이 저 바다 너머에 있을 것이라고 그래서 한사코 먼 곳까지 나갔다 오는 저 물결처럼

그도 파랑새를 찾아 떠나는 소년일 거라고

그래서 그를 붙잡을 수 없는 것이라고 혼자 생각한다

* 안톤 체호프의 작중 인물.

## 퍼즈의 거리

한 길이나 내리는 홋카이도의 폭설에 발이 묶이는 건 북해도 여행자의 예의가 아니라 네 생각 주머니에 넣고 오타루행 기차를 탄다

바다 쪽 창가에 앉아 오호츠크해에 반쯤 마음 빠뜨리고 가다 보면 지나치는 간이역들
너였다가 너였다가 너였다가

*우리 미나미역쯤에 내려 걸을까요?*
이 말은 내가 당신을 좋아한다는 말

고백한 나도 고백받은 당신도 말의 함정에서 비켜, 본마음 반만 꺼내 오늘 밤 달이 참 아름답네요
오타루에서 이 말은 내가 당신을 사랑하게 된 것 같다는 말

깊이도 없이 녹아드는 마음 들키지 않게 한 템포 퍼즈를 두고 서로 돌아서는 길이 아프지 않게 뽀드득 뽀드득 오늘 밤 달이 참 아름답네요

이 말은 오타루에서 내가 당신을 사랑하게 된 것 같다는 말

한 길이나 되는 눈길에서 네 마음도 내 마음도 모두 에둘러 내 마음 네게 당도하게 오늘 밤 달이 참 아름답네요

사랑해 사랑해 말했다 내 사랑 크레바스에 빠져 울던 날 불러와 오늘은 나도 달이 참 아름답네요

그날도 달이 참 아름답데요

# 첫눈 내리는 날 만나자

우리의 관계가 우정인지 사랑인지 모를 때
첫눈 내리는 날 우체국 계단 앞에서 만나자는 말 뒤로하고 총총 돌아섰다
누군가는 먼저 건들건들 떠다니다 이내 사라지고 마는 저것이 첫눈인가 아닌가
둘의 관계처럼 애매해 서로 엇갈린 인연이 되고
다른 남자 다른 여자 아내가 되고 남편이 되어 나이 들어가다
117년 만의 폭설이 첫눈으로 내린 날
그 여자 그 남자
그때 그 사람 생각나

*야, 나 애 셋 낳고 이리 나이 들어간다. 너도 잘살고 있냐?*

괜스레 허공에 쏘아붙이고
오래 입어 편한 옷 같은 내 남자 내 여자 한기를 밀어내며 문 닫고 들어
제라늄 분에 물을 주고 쓰레기를 버리러 나가고 잠자리를

챙기고……. 차를 마시고

첫눈은 왔던가 묻게 다녀가고
애타 기다리면 더 늦게 당도하는

그래서 첫눈은 아직 도착하지 않은 너 때문에 내리는 것이 아니라 온다

# 수양산 그늘

수양산 그늘 강동 팔십 리를 덮고
수양산 물 강동 팔십 리를 먹인다는 말 옛말 아니더라

그 산 깊고 높아 그늘이 팔십 리라 그 반경 안 꽃향기 그윽하고 새들의 지저귐 멈추지 않으니
그 물에 쉬리와 꺽지가 물첨벙 물첨벙

저 담 너머 미깡 밭
탱글탱글 구르는 아낙의 웃음 누가 데려왔나
수양산 햇살 실어 나르는 원서방이지

## 편지

농부 시인의 사진 편지에 가을이 가실 가실 도착했다
배추 무 세 두룩 쪽파 가로 심어 스무남은 고랑

풀기 뺀 내 모시 적삼은 몸이 꺾일까 반닫이로 들고 느려터진 복숭아밭 황도도 몸을 수그려 입안으로 들고

저 어린것 이제 귀영지 밭에 마음 두었으니 배추는 문풍지를 바르듯 겉잎 두르고 무는 물길 틔워 곧 여울물 불겠다

연이어 귀영지 밭 무와 배추가 아낙을 따라 겨울 피접에 들면 시인의 원고지엔 칸칸이 눈이 내리고

이 작은 귀영지 밭은 또 이 가난한 시인을 어떻게 먹여살리나 추상과 개괄로 겨울밤이 길겠다

# 팥꽃나무

주인댁이 사다
심고 간 팥꽃나무
해종일 눈 마주치다 올라섰는데
주인댁도 돌아간 저녁
밤새 풍우가 친다

새 터에 옮겨 앉은
팥꽃나무 걱정 못 내려놓고
어둠 짚어 내려섰다 깨어난 아침

밤새 묶어 세운 지주목이 힘을 보탰던가
풍우를 잘 품어내고 근심도 없이 맑다

사람의 일이나
나무의 일이나

일생이 걸린 일 앞에서는
사뭇 진지해져 네 것 내 것이 없다

그제야 파도 소리

귀에 듣는다

## 젊은 주인과 나

나무 하나를 잃고 내가 앓는다

뒤뜰 대추나무
올해는 힘을 좀 모았으려나 내년에는 가지를 좀 치려나 지켜보던 나무

젊은 주인은 이미 판단이 섰던지 그 나무 베어내고 뷰티야자 들여앉혔다

세월에 바래가는 내 눈에는
마른 땅 북이라도 올려주고 모른 척 없는 척 기다려봐도 좋을 것을
아플 만큼 아프다 힘 모이거든 일어나라 기다려주어도 좋겠더구만

가뭇없이 상처 하나를 잃고 내가 앓는다

# 외곽의 힘

대추나무 고물고물 볼살 차올라 대봉감 들이고 마실 다녀왔더니 곁지기가 곶감 깎아 볕 바라기 시켜놓고 팽나무에게 놀러 가 있다

헌데 꼭지도 꼬투리도 흠결처럼 그대로다
어찌 꼬투리도 꼭지도 그대로냐고 영양분이 거기 다 모여 그런 거냐고 조무래기 마음으로 물었더니
저 팽나무 그리 남겨둬야 주저앉지 않는단다

제 중정 환히 닦는 빗자루가 꼭지란다

저 햇발 속 친구들 제게 꼭 맞는 우산 하나씩 들고 해바라기 중이구나

나만 모르고 사사로이 쳐 낸 외곽
내가 가을비에 수렁처럼 짓무른 이유 알 듯도 하네

# 용눈이오름

용눈이오름 오른다
누구나 마주쳤을 칠 부 능선
그 칠 부 능선에서 날씨가 급변했다

무엇 하나 거짓이면 안 된다고 받아들이지 않겠다고 완고하게 막아선다

혹 내게 집념이라는 것이 있다면 가자 올라는 서 보자
생각을 다잡고 디뎌 밟은 걸음 위에 다시 걸음 얹어 앞으로 앞으로

루게릭에 덜미가 잡힌 사내*의 걸음은 또 어땠겠나
마음 고쳐잡고 다시 전진 또 전진
가기로 한 길 가고 지금 걷는 길 걷고 어제 살던 대로 오늘도 살자 했을 그가 걸었던 길

생각을 밟고 나를 덜어 만난 정상
그것은 불립문자

산안개가 펼쳐 논 무등한 불립문자

소란도 수선도 불립문자 앞에서는 모두 입을 닫는다

* 고 김영갑 사진작가.

## 돋을새김

언제부터였을까
모래밭 위 여자를 가장자리부터 오려가고 있는 한 남자가 있었다

마음 안으로 들어와 떠나지 않는 여자를 얻기 위해 공을 들이듯 빠짐없이 오려가다 여자에게 들킨 남자가 말했다
조금만 멈춰 있어봐

그들에게 처음이 있던 날처럼
그 자신도 이 새김질이 끝나면 첫날의 순정함으로 돌아가 있기라도 할 것처럼 손끝 조각도를 세워 갔다

그가 버린 시간의 음지 위에 새날을 약속하듯

이윽고 여자를 다 돌아 나온 남자의 손끝에 돋을새김 된 여자가 양각되어 나왔다

백합의 골짜기를 빠져나온 처녀처럼

높은 파고에 밋밋해진 모래밭인 그녀를

자신을 오래 묻어두어 어디 두었는지 기억나지 않는 나를
그가 찾아 꺼냈다

잃어버린 나를 찾아 건넸다

## 호모 비아토르

나는 욕망의 빈사가 부르는 곳으로 가기로 한다
작은 꽃과 작은 모래 알갱이들이 저희만의 언어로 노래하는 바람에게 간다

짐을 꾸리고 비행기를 타고 그 여정에 오른다

나는 사막의 여행자
낙타는 제 잔등에 여행자를 얹고 선자의 눈으로 모래 산을 넘는다

저 죄 없는 눈이 데려가는 모래 산

마두금 선율이 구릉을 넘고
내 오래 벼린 날들이 악사의 선율에 엉켜 제자리걸음일 때 바람 한 타래 훑고 지나간다

가난을 알고 가난에 들이받힌 모래 알갱이 같은 날들
일생의 1할도 안 되는 시간에 붙들려 대립한 날들아 바람

처럼 가벼워져라

생은 제가 진 짐 가벼이 지고 걷는 낙타의 걸음

걸어가다 오늘처럼 느려터진 나 기다려 나의 노래를 부르며 가야지

# 네가 속았구나

노인이 자신의 짐을 옮겨 건네고 돌아서는 청년 향해 네가 속았구나 하신다

무엇에 속았다는 말인가 속였다는 뜻인가

한 세월 살고 보니 속은 듯 지나가버렸더라는 어른만의 문법인가 또 이 반어적 어법이 우리네 민족어인가 조어 사전이라도 뒤져볼 참인데 폭삭 속았수다라는 숨은 뜻 크게 수고했다는 곱닥헌 우리네 제주어란다

내 가난한 아비가 쌀 사려 장에 가실 때 "아부지 쌀 팔아 오마" 하고 돌아서던 그날처럼 배불러오는 말 같고

품의 변화에 대비해 섶과 깃 고름과 곁마기에 천을 잇대 멋과 품을 챙긴 우리네 삼회장저고리같이

이 곡선 같은 말의 넉넉한 쓰임이 나는 좋아 폭싹 속았수다

당신도 폭싹 속았수다

# 호모 비아토르 선언, 길 위의 사람

김영삼

## 1. 움직이는 꼴

높은 파고가 삶을 뒤흔들 때라거나, 강한 중력장이 절망의 방향으로 작동할 때라거나, 때로 무릎이 꺾이고 고개를 숙일 수밖에 없을 순간이더라도, 그래도, 그럼에도 불구하고, 기어이 삶을 살아내야 한다면, 그때의 자세는 무엇이어야 할지에 대해서, 시인 김종숙이 내놓는 답변은 명백하다.

인간은 언제나 길 위의 존재라는 것, 그러므로 멈추지 않고 움직이는 꼴의 자세가 요청된다는 것, 쓰러지지 않기 위해 내딛는 지금의 한 걸음이 다음의 한 걸음을 위한 디딤돌이 된다는 것, 즉 인간은 영원한 '호모 비아토르(homo-viátor)'라는 것, 이것이 시 「콘트라포스토」를 통해 제시한 시인의 명징한 명제이다.

헤븐리 카페 앞 가로등
바다 쪽으로 3도 기울어져 있다

저것은 그리움의 각도

너는 잠 못 드는 밤이다
외롭지 않고 그리움을 알 리 없다 고독하지 않고 고독한 바다를 동경할 리 없다

너는 자코메티의 걷는 사람
그러므로 우리의 기움은 생명의 허약을 딛고 앞으로 나아가려는 콘트라포스토

너는 부족한 언어를 찾아 나선 시인의 불면

시가 오지 않는 날 책보자기 싸 들고 거리로 나와 오지 않는 시를 기다리는 시인의 사색

너는 길 위의 고독을 선택한 호모 비아토르

체중 대부분을 한쪽 다리에 옮겨 싣고 막 첫걸음을 옮겨 딛는 너는 일감을 찾아 새벽 거리에 나선 성실한 일꾼

지하도 지나 횡단보도 건너 숲의 소리 길에서 새 걸음을 내딛는 너는
바닷길에 와 잠시 숨 고르는 걷는 사람이다

—「콘트라포스토」 전문

시인의 첫 시선은 바닷가 가로등의 기울어진 각도에 머문다. 오랜 시간 한쪽 방향으로만 불었을 바람의 시간이 만든 가로등의 기울어짐이 아무래도 불안해 보일 수밖에 없는 이유는, 그 긴 그리움이 결국 닿을 수 없는 외로움과 고독으로 녹슬었을 것 같기 때문이다. 시인의 시선이 곧바로 수없는 "잠 못 드는 밤"과 함께한 '너'에게 향한 것도 그 닮음 때문일 것이다. 오랜 불면의 시간으로 허약해진 '너'의 마음과 신체는 저 가로등만큼이나 가냘프고 가늘어서, 불안하게 직립한 꼴("자코메티의 걷는 사람")과 체중을 한쪽 다리에 싣고 서 있는 비대칭의 자세("콘트라포스토")를 연상하게 했을 것이다. 오랜 시간 외로움과 고독에 노출된 누구라도 그 강한 중력의 방향으로 기울어질 수밖에 없을 터, 「콘트라포스토」가 소환하고 있는 표상들은 아무래도 위태롭고 외로워 보인다.

하지만 이 시의 미덕은 기울어진 꼴들의 위태로움에 머물지 않고, 저 비대칭의 직립에서 오히려 도약과 전진의 꼴을 읽어내는 데에 있다. 곧 쓰러질 것만 같은 자세는 역설적으로 멈추지 않는 꼴로 전환된다. 생각해보면 모든 불안한 꼴들은 정지와 안정을 거부하고 운동과 지향을 내포하는 꼴이 아니던가. "쓰러지는 법이 없는 둥근 공"이 언제든 "움직일 준비가 되어 있는 꼴"(정현종, 「떨어져도 튀는 공처럼」)인 것처럼, 정지를 거부한 모든 물체는 어느 한 방향으로 제 몸을 기울이고 있지 않은가. 마찬가지로 "부족한 언어를 찾아 나선" 어느 시인의 불면의 시간들 또한 기어이 제 언어를 찾기 위해 끊임없이 운동하면서 상징계의 바깥으로 움직이는 중일 것이다. 그렇다면 '콘트라포스토'의 비대칭은 불안이 아니라 도약의 꼴이며, 정지가 아니라 운동의 꼴이며, 멈추지 않으려는 어떤 의지의 꼴이다.

이러한 사유의 집약이 "너는 길 위의 고독을 선택한 호모 비아토르"라는 구절에 담겨 있다. '길 위의 사람'이자 '걷는 자'임을 의미하는 '호모 비아토르'는 멈추지 않(겠다)는 존재론의 선언이다. 정착과 안정을 거부한 이 존재는 끊임없이 길 위를 나설 것이므로, 그의 고독은 '선택'된 고양의 감정이다. 따라서 저 가로등과 어느 시인과 새벽 일꾼의 기울어진 각도를 위태롭고 불안하게만 본다면, 그것은 오독일 것이다. 숱한 길들을 걷다가 잠시 숨을 고른 후, 다시 걷는 존재가 될 것이므로("바닷길에 와 잠시 숨 고르는 걷는 사람이다"), 그리고 어쩌면 이것이 이 시집이 형상화하고 있는 시(인)의 자세일지도 모르므로, 이 시집에 적힌 숱한 아픔의 언어들 또한 아마 잠깐 동안의 '숨 고름'이 남긴 흔적일 것이므로.

## 2. 먹빛 어둠을 향한 담대한 전진

잠시 멈춤이 끝이 아니라 새 걸음을 위한 시작이라는 것을 알고 있다면, 간혹 우리를 멈춰 세우는 어떤 절망의 순간이 결국은 빛의 방향으로 나아가기 위한 숨 고름의 시간이라는 것을 알고 있다면, 우리는 어떤 어둠이라도 두려워할 일이 없을 것이다. 이러한 역설의 논리를 습득한 시인의 화자들은 그리하여 과감히 어둠의 진영 한 복판으로 침투한다. 〈어둠의 연작〉으로 묶어내도 좋을 시편들(「물결이 상처를 물고」, 「어둠을 읽는 방법」, 「암흑기」 등)에는 시인의 과감한 전진이 뚜렷한 발자국으로 새겨져 있기에 하는 말이다.

「어둠을 읽는 방법」의 화자는 "유성우"를 만나기 위해 "먹빛 어둠을 찾아" 나선다. 이 행위는 별빛이 어둠 속에서 더 뚜렷해진다는 사실("어둠만이 빛을 담보한다") 때문만이 아니다. 절망의 최대치였던 순간들을 탐색하기 위해서이다("내 생에 어둠의 행방을 찾아 나서기"). 모든 색들의 집합이 검정색으로 수렴된다는 사실은 곧바로 '먹빛'이 모든 빛들의 집합이라는 점을 상기하게 한다. 따라서 시인이 찾아 나선 "먹빛 어둠"은 절망의 집합체가 아니라 제각각 자기만의 색으로 빛났던 모든 빛들의 집합체이고, 서로 다른 시공간에 존재했던 모든 존재들의 차이가 하나의 지점으로 수렴된 포용의 최대값일 것이다. 시인이 표상하는 '길 위의 사람', 즉 호모 비아토르는 이 지점을 향해 과감하게 전진하는 존재이다. 그는 "어둠에 들지 않고 어둠을 관통하는 일이란 없"다는 사실을 알고 있는 사람이다. 그래서 다음 시와 같은 결과값에 이른다.

포구의 밤
어둠이 이리 많은 색을 가진 줄 몰랐습니다

하루가 다 저 버렸다고 세상의 색이란 색 다 데려가 버렸다고 이제 포구도 기다릴 곳이 못 된다 돌아설 그즈음
어둠이 색을 물고 찾아들었습니다

물결이 상처를 꼬옥 물고 흔들리던 밤
어둠이 빛의 다른 이름이라는 그 절대 비밀의 문을 여는 순간이 왔습니다

세상의 색이란 색 다 품은 저녁과 바다와 한라산이 서로를 두텁게 껴안고 색을 낳는
그 밤

어둠이 이리 많은 색을 가진 줄 몰랐습니다

—「물결이 상처를 물고」 전문

먹빛이 모든 빛들의 집합이라는 명제는 이 시에서 "어둠이 이리 많은 색을 가진 줄 몰랐습니다"라는 진술로 변주된다. 나아가 모든 빛을 품고 있기 때문에 어둠일 수 있다는 이 "절대 비밀"의 역설은 시인에게 빛의 가시광선 영역 바깥을 보는 능력으로 확장된다. 이 세계의 문법을 넘어선 시인의 눈은 제주의 어느 저녁 빛을 다른 영역의 존재들("바다와 한라산")이 서로에게 침투하고 스며들어 물들이는("서로를 두텁게 껴안고 색을 낳는") 순간으로 해석하게 한다. 다름을 받아들이고 차이를 포용하면서 만들어내는 저녁 빛에 대한 시인의 사유는 이 지점에서 개인사적 상처와 경험을 벗어나 이 세계 모든 존재

들의 이야기로 진화되고 있는 듯하다. 「흰」과 「여백의 힘」은 이러한 진화의 증거 사례로 보인다.

「흰」에서 시인의 시선은 이제 절대 어둠의 반대편에 있는 백색의 진영으로 확장된다. 그곳은 온 바다와 대륙을 온통 '흰색'으로 뒤덮은 폭설이 군림하는 세계다. 시는 흰 눈의 지배를 고립된 "유폐"가 아니라, 세상의 모든 성질과 관계를 재배치하는 담대한 결정("물성을 바꾸는 비장한 가슴", "담대한 서사")으로 해석한다. 시는 세계의 모든 색을 하나의 색으로 덮어버리는 폭설을 모든 존재들 간의 차이를 괄호 안에 묶어버리는 회피가 아니라, 온갖 상처들을 덮어버리고 가리는 눈 돌림이 아니라, 세계의 질서를 재배치하기 위한 담대한 파괴("오직 살리기 위해서만 흰 위에 선 날")로 읽어낸다. 그라운드 제로 상태에서 새로운 시작점을 열어내는 이 대자연의 "극약처방"은 모든 절망의 시간들을 시적 순간으로 변환시키면서 언어의 상징계적 질서를 이탈하는 담대한 서사인 것이다.

먹빛 어둠에서 모든 빛을 발견하고 극약처방의 폭설에서 새로운 시작을 본 시인의 눈은 이제 모든 것을 내려놓은 나무의 여백에서조차 과감한 전진의 몸짓을 읽어낸다. 「여백의 힘」은 하룻밤 사이 붉은 꽃들을 다 내려놓은 나무의 "빈손"에 주목한다. "저 나무 강단" 어린 선택은 "떨침 없이 새날이 올 리 없다"는 진술로 이어진다. 비움이 곧 채움이라는 역설은 「흰」의 "극약처방"과도 같아서, 이제 시인에게 하나의 절대명제이자 문법으로 승화된 것만 같다. 모든 꽃을 뜰에 내려놓은 나무는 이제 "여백의 힘으로/찬바람 속 걸어 든다." 찬바람 속을 걷기 위해서라면 아무래도 가벼운 몸이 더 좋겠다. 자코메티의 걷는 사람처럼 날카롭고 가느다란 꼴이라야 좋겠다. 즉 이 시가 표현한 '여백의 힘'은 제가 가진 것을 모두 내려놓고 다시 움직일 준비를 하는 '가벼운 꼴'에서 파생되는 것이겠다. 비어 있는 마당이라야 "대연꽃" 무늬의 진리를 표현할 수 있다는 사실을 표현한 「새벽 산사」도 이와 유사한 맥락에서 읽힌다. 채워진 순간보다 비워진 순간에서, 시인은 더 많은 것을 낚아 올리고 있다.

### 3. 자작나무와 아버지

위태로움의 꼴이 사실 도약 직전의 숨 고름이라는 것, 절망의 최대치가 반대로 희망의 시작점이라는 것, 비움이 있어야 채움이 있다는 것, 절대 어둠이 사실 모든 빛들의 집합이라는 것, 생각해보면 이러한 시적 진술들은 모두 자연의 순환적 질서와 닮아 있다. 시집 초반부에 배치된 〈나무 연작〉들을 주목해보자.

"상처가 꽃인 줄 모를 때 투쟁이 그저 싸움인 줄 알았다"라는 「마음의 양지」의 고백적 진술은 꽃이 탄생하기 위해 거치는 상처와 투쟁의 과정에 대한 깨달음을 담고 있다. 상처가 '싸움'의 상흔이 아니라 도약이자 진전의 표상이라는 역설이 나무의 마음에 "양지"를 만들고, 이윽고 그 나무를 "단단하고 뜨거"운 존재로 만들었을 것이라는 믿음이 진술되어 있다. 또 「어느새에 묵은 잎 떨구고 새잎 내는 걸까요」에서 시인은 '묵은 잎'과 '새 잎'의 변증법을 "긴 울음에서 걸어 나와 한 걸음 내디디니 한 걸음이 떼집니다"라는 경험적 고백으로 변주하기도 한다.

〈나무 연작〉의 결정체는 시 「니체의 나무」이다. "입추 지나 풍우에 다시 다 잃어버린 나무"였던 것이 지치지도 않고 "무성한 잎과 꽃을 세 번째 물어"오는 것을 보면서, 시인은 "꽃은 혼돈의 도상"이라는 인상적인 문장을 내놓는다. 자연의 순환적 질서에 대한 평범한 진술처럼 보이는 이상의 작품들이 평범하지 않게 보이는 이유는, 이러한 명제를 시인이 삶의 순간들과 그 순간들을 함께 한 사람들의 삶에 대입하고 있기 때문이다. 특히 아버지의 병환과 죽음의 순간을 표현한 작품들은 존재의 소멸을 끝이 아니라 새로운 시작점으로 이끌어내고 있다는 점에서 주목할 만하다. 늙음과 죽음의 중력장에 가까워지는 부모에 대한 작품들을 1부의 마지막에 집중적으로 배치함으로써 시집은 저물어가는 그들의 신체와 생명을 죽음이라는 거대한 블랙홀에서 건져내고, 잊혀진 그들의 삶을 시적 언어로 재형상화함으로써 기억의 공간으로 이동시키고 있다.

곧이어 2부의 시들은 죽음의 세계로 떠나버린 아버지의 존재에 집중하고 있다. 아버지의 죽음은 생전에 당신의 손길이 가장 많이 담긴 물질로부터 소환되는데, "연장창고가 주인을 잃었다/나도 아버지를 잃었다"(「벚꽃이 진다 포부가 진다」)라는 담담한 진술은 문장의 여백만큼이나 큰 상실감으로 다가온다. 주인을 잃은 창고에서 화자는 생전 아버지가 남긴 말들을 회상한다. "내가 널 가르쳐야 했는디야//그때는 나도 영판 심들었다." 도시에서 남부럽지 않게 딸을 공부시키고 싶었을 아버지의 "신념"은 가난으로 인해 봄날의 벚꽃처럼 저물고 말았던 모양이다.

가족이 겪은 가난의 기억들은 많은 시편에 원형처럼 새겨져 있다. 「곡예사」는 가난하기 때문에 습득할 수밖에 없었던 생존의 기술들(마수걸이나 파장 때 물건을 사거나, 같은 물건도 둘로 나눠서 담게 하거나, 때로는 가난을 무기 삼거나)을 나열한다. "가난도 훈련이 되면 근육질이 생기는" 모양인지 가난의 기술은 곡예사만큼이나 능수능란하지만, 그만큼이나 가파르고 가냘퍼서 아프게 읽힌다. 또 가족의 가난은 「돌풍에 소나무 숲이」에서는 "바닥이 드러난 솔기 끝 실오라기"로 표현되기도 한다. 하루치의 "노임"을 잃어버린 아버지가 빈 호주머니의 맨바닥을 드러내는 실오라기 앞에서 "허무와 낙담"으로 무너질 때, 어린 시인에게 아버지는 돌풍에 노출된 소나무처럼 보였던 모양이다("앞뜰 소나무 숲이 위태롭다/ 돌풍에 넘어지겠다").

가난한 기억의 풍경을 복원한 시인의 작업에서 주목해야 할 첫 번째 사실은 화자의 죄책감과 뒤늦은 회한이다. 가령, "아버지 살림이 연장창고 하나라니//우리 식구 먹여살린 연장이 아버지였는데"(「아버지 살림」)라는 진술에는 당신의 소박

하고 욕심 없는 삶만이 아니라, 아버지의 가냘픈 등뼈에 온전히 기대었던 지난날에 대한 후회와 미안함이 담겨 있다. 또 "우리 식구 당신이 걸어놓은 등뼈에 걸터앉아 남들처럼 살았던 겁니다"(「당신이 한 일」)라는 뼈아픈 회한도 아픈 고백으로 읽힌다. 이러한 목록의 끝에 무엇보다 다음의 시를 빼놓을 수는 없을 것 같다.

*내 힘으론 너를 더 갈칠 수 없어야*
*동생들도 많고 하나 있는 니 남동생 저걸 갈쳐야 안것냐*

사흘 나흘 남루에서 마저 튕겨져 나와
내가 없으면 좋겠다고 내가 나 아니었으면 좋겠다고

그러나 이것이 미래에 속한 일이라
*이런 게 무슨 부모야, 그럴 거면 날 낳지 말았어야지 겨우 이럴 거면*

아버지는 방에서 엄니는 부엌에서 그리고 우린 아무 말이 없었다

—「그 겨울의 항거」 부분

건물의 벽에 붙어 겨우 "자리를 튼 방가지똥풀"처럼 "가파른 살림"을 살면서 아버지가 "팍팍한 생"을 견뎌내던 시절, "철없는 여중생"이었던 '나'는 가난이 원망스러워서 차마 하지 말았어야 할 말을 뱉어낸 모양이다. 원망과 질투로 인해

가난한 부모를 부정했던 서글픈 '가족 로망스(Family-Romance)'의 비극, 그 가냘픈 소망("내가 나 아니었으면 좋겠다")의 폭언과 항거 앞에서조차 침묵으로 응답할 수밖에 없었던 가난의 무거운 공기, 돌이켜 생각하면 부끄럽기 짝이 없고 철없었던 시간, 다시는 돌이켜 번복할 수 없기 때문에 더욱 더 죄스러워지는 기억들.

이 시집의 〈아버지 연작〉들은 시인의 뒤늦은 후회와 죄책감으로 아버지를 소환하는 것이다. 딸의 공부를 위해 당신의 삶을 "통째로 넘겨주시던" 당신, 요양 병원에 새 뿌리를 내린 당신, 뒤늦게 찾아간 딸 앞에서 당신이 내어 놓은 한 마디, "바쁜디 어치게 왔냐"(「당신은 무심의 옷을 걸치고」)라는 그 무심한 한 마디 말 앞에서 속수무책으로 무너질 수밖에 없었던 순간들처럼 말이다. 그러니까 시인은 아버지의 등뼈에 올라탄 자신의 지난날에 대한 미안함과 죄스러움으로 아버지를 복원한다. 이 뒤늦은 후회를 연장창고 하나 남기고 사라진 당신에게 다시는 표현할 수 없기 때문에, 뒤늦은 효도 따위로 되돌릴 수도 없기 때문에, 복원할 수는 있어도 수정할 수는 없기 때문에, 아버지는 시인의 문장 속에서 영원히 존재할 수 있게 된다. 이것이 〈아버지 연작〉이 쓰여야만 했던 이유일 것이다.

가난한 풍경들과 철없던 딸의 투정 등의 복원을 거친 후에야 비로소 시인은 아버지가 어떻게 삶을 살았는지를 알게 된다. 이 시집의 화자들과 사물들이 모두 그러하듯 아버지 또

한 결코 절망 앞에 무릎 꿇지 않았다는 것, 당신의 삶이 실오라기 하나 붙잡기 힘든 가난의 돌풍에 노출된 위태로움이나 막막함이 아니라 그런 시간들을 모두 견뎌낸 단단한 수직의 직립이었다는 것을 알게 된다. 위태로워 보이지만 결국은 앞으로 한 걸음을 내딛는 존재, 기울어진 각도로 보이지만 사실은 어느 방향으로 나아가는 움직이는 꼴, 즉 아버지가 바로 호모 비아토르였다는 사실을 알게 된다. 〈아버지 연작〉을 주목해야 할 또 다른 이유가 여기에 있다.

자작나무 숲엔 햇살을 바싹 움켜쥔 손바닥 같은 소녀의 당찬 손이 있다

태곳적부터 멈추지 않는 저 수직의 중심 잡기

자작나무 숲 흰 뼈에는 단단함이 있다
어둠을 몰아내려는 묵언이 푸르게 일어서리라는 다짐이

생각 하나를 부러뜨릴 때마다 생겨난 검은 생채기는 그가 벗어날 수 없는 비애

백결의 한지로 문고리를 봉한 저 묵언의 멈춤
벌레의 침습을 거부한 팔만대장경이 있다

일보(一步) 일보, 백화 수피에 또렷이 새겨논 저 침잠의 흔적
가난한 마음이 강추위를 견딘 다짐이 있다

이 계절 수척해지지 않으려 어렵사리 수액을 옮기는 느린 걸음
수직의 길을 내는 저 직립의 보행이 자작나무 숲에 있다

—「자작나무 숲」 전문

아버지라는 단어가 한 번도 등장하지 않지만 이 시야말로 〈아버지 연작〉의 결정처럼 보인다. 자작나무 '흰 뼈의 단단함'과 북지의 차가운 바람을 이겨내는 '묵언의 침묵'과 수직으로 꼿꼿하게 선 '직립의 보행'은 한 사람의 일생을 집약한 표현이 분명한 것 같다. 그러니까 시인은 「콘트라포스토」의 움직이는 꼴과 어둠에서 빛을 발견하는 사유와 모든 자연의 순환적 질서를 경유하여, 이제는 목소리를 들을 수 없는 한 사람의 삶을 저 자작나무의 수직으로 수렴시킨 것이다. 가난했지만 결코 쓰러지지 않았던 한 사람의 삶의 무늬가 내소사 연꽃살문의 소박함(「내소사 솟을연꽃살문」)으로 승화된 것처럼 말이다. 아마 시인의 뒤늦은 후회와 고백의 언어들이 한 사람의 부재 앞에서 오랜 시간 눈물로 머물렀을 것이다. 그 마음을 읽어버린 나 또한 이 시들 앞에서 한동안 먹먹한 마음으로 머물렀다는 고백을 남긴다.

## 4. 중하지 않은 목숨이 어디 있냐

시집의 3부에 배치된 시들을 읽으면서 이런 생각을 했다.

그러니까 「콘트라포스토」에서 멈추지 않는 삶의 자세를 선언한 사람이라야만, 〈어둠의 연작〉에서 볼 수 있듯이 먹빛 어둠에 깃든 수많은 빛들의 색을 발견하는 사람이라야만, 〈나무 연작〉에서 볼 수 있듯이 자연의 재생 능력을 통해 꽃이 사실은 모든 혼돈의 표상이라는 것을 발견하는 사람이라야만, 이윽고 그러한 시선을 통해 아버지의 삶을 복원하고 기억하는 사람이라야만, 자신의 삶으로부터 출발하여 세계의 모든 존재에 깃든 운동성을 발견하는 사람이라야만, 이 시집의 3부에 실린 이른바 〈역사 연작〉을 쓸 수 있을 것이라는 생각말이다. 시인의 일관된 시선은 이 지점에 이르러 기어이 시간과 공간의 경계를 넘어 애도를 종결짓지 못한 역사의 정동들이 깃든 대상을 발견한다. 서귀포의 감귤에 얽힌 다음의 시가 하나의 사례가 되겠다.

서귀포의 사월은 감귤 향기로부터 오는데요
요 밀랍 같은 흰 향기가 섬을 깨우러 내달리는데요 요게 가을 끝 초동에 이르면 이곳 섬사람들 성품만큼 바지런히 황금주머니를 매다는 것인데요
저 같은 공리주의 교육을 받은 외지인의 눈에는 셀 수도 없이 매달린 저것들을 왜 솎아내지 않은 것인지
나무마저 잃는 건 아닌지 오며 가며 그 걱정 그 생각뿐이었는데요
이곳 섬사람들, 작으면 작은 대로 크면 큰 대로 제 형편 따라 남의 손 타지 말고 잘 자라기만 해라 속 숨어 숨만이라도 지켜

내라 신목(神木)처럼 바람의 말로 이르는 것이었는데요
저야 왜 그런가 그 속사정 알 길 없었는데요
…(중략)…
죽음의 낭하 건너 헛묘 앞에 선 섬사람들
중하지 않은 목숨이 어디 있냐고
그 생목숨 받들고 사는 중이었다데요

—「공리주의의 눈」 부분

시는 감귤 향기 가득한 사월의 서귀포에서 오래전 핏빛 가득했던 사월의 서귀포를 소환한다. 최대의 효율성을 위해 소수의 희생을 요청("왜 솎아내지 않은 것인지")하는 외지인들과 크든 작든 숨만이라도 지켜내기("중하지 않은 목숨이 어디 있냐")를 바라는 섬사람들의 엇갈린 바람은 곧바로 '제주 4 · 3사건'을 연상하게 한다.

불순물을 색출하고 그들을 국가의 경계 바깥으로 뱉어내려 했던 국가폭력의 기저에는 혐오의 정치학이 자리 잡고 있다. 혐오의 관념적 근거는 오염물에 대한 강한 신체적 반응으로, 어떤 역겨운 대상이 주체의 체내로 침투할 수 있는 가능성에 대한 불쾌의 반응이다. 혐오의 정치학은 오염의 대상을 규정하고 그것을 외부화함으로써 자기 정체성을 생산하고 강화하는 방식으로 증식한다. 문제는 이때 주체와 오염물 사이에 근본적 차이가 존재하지 않는다는 데에 있다. 그래서 혐오는 일종의 폭력이며, 완전성과 순결성에 대한 환상에 다름 아니다. 제목에 동원된 '공리주의'는 이러한 순결성에 대한 환상이 만든 폭력을 순화시키면서 효율성의 논리로 포장하는 현대적 기만술임을 이 시는 폭로하고 있다.

이러한 시인의 시선은 「어떤 청소」에서 5 · 18 민주화운동에 대한 사유로 이어진다. 시는 사건 이후 아무 일도 없었던 듯 일상의 평온함을 가장하는 도청광장의 분수대를 주목한다. 공리주의의 효율성이 승리자의 생존기술인 것처럼, 「어떤 청소」가 나열하는 망각의 술책들은 가해자들의 정치기술인 셈이다. 그래서 시는 도청광장의 저 "물의 축제"가 사실 피로 물든 국가폭력을 지우기 위한 "물청소", 기억을 저지하는 "입단속", 진실을 가리는 "연막탄", 은폐를 위한 "등화관제"임을 폭로한다. "원칙과 도덕에서 벗어날수록 은폐는 치밀했다"라는 일갈과 함께 말이다. 시인은 서귀포의 감귤로부터 제주 4 · 3사건에 얽힌 순결성에 대한 환상을 혐오의 정치학을 연상하고 도청광장의 분수대로부터 5 · 18의 진실을 은폐하려는 정치기술을 폭로하는 방식으로 하나의 사물에 깃든 국가폭력의 역사를 소환하면서 길 위를 걷는다. 말리화차를 마시는 어떤 순간에서 일제강점기 시대 이육사의 고뇌와 갈등을 소환하고(「말리화차」), 기축년(1950년) 전쟁 피해 복구와 사회 재건을 위해 지어진 어느 주택의 벚나무 아래에 앉아 있는 노인의 시선이 닿는 동쪽 밭으로부터 양민 학살의 국가폭력을 암시하고(「벚나무 노인」), 2024년 겨울 어느 밤 남태령의 함성과 연대로부터 1894년 전봉준의 녹두부대를 떠올리고(「사표, 전봉준」), 헌법재판소 후정에 서 있는 백송나무로부터 올

곧은 역사의식을 요청한다(「재동 백송」).

이 목록들을 작성하면서 이런 생각을 하게 된다. 그러니까 길 위를 걷는 존재로서 길 위에서 마주치는 무수한 순간들로부터 시공간을 거슬러 억울한 죽음들을 소환할 수 있는 사람이라야만 묵음으로 새겨진 침묵의 언어로 읽어낼 수 있을 것 같다는 생각 말이다. 여순 사건에 얽힌 다음의 시를 위한 생각이다.

> 마래터널 지나 억울한 죽음 자리
>
> 이 마을 조무래기들 바다에 뛰어들기 전 돌멩이 하나씩 협곡 아래로 내려보냈다지
>
> 통한의 주검을 달랠 방도라곤 오직 이것뿐
> 가슴에 갇혀 돌덩이가 된 어른들 말 저 협곡 아래로 아이들이 전했다지
>
> 그리고 백 년을 묻어둬야 겨우 세상의 언어가 될지 모를 못 갖춘마디 같은 못 갖춘 말
> 백비에 새겨 가뒀다지
>
> 구음으로만 흐르는
> 묵음 여섯 마디
>
> —「못 갖춘 말」 전문

여수에 있는 마래터널은 일제강점기 시절 조선 민중들의 피로 만들어진 강제노역의 장소다. 수많은 사람들과 군수물자들이 이 터널을 통과해 동원되었다. (마래터널을 지날 때는 오른쪽으로 비켜서야 한다. 여순사건 당시 왼쪽으로 잘못 비켜서는 바람에 좌익으로 몰려 죽음에 이른 사람들이 많았기 때문이다.) 마래터널을 지나 검은 모래의 만성리 해수욕장 인근에 이르면 곧바로 '여순사건 희생자 위령비'를 만나게 된다. 이 비문은 여섯 개의 점만이 찍혀 있다. "1948년 10월 19일 · · · · · · 2009년 10월 19일." '학살'이라는 표현을 쓸 수 없어 대신 새겨진 비문의 말없음표 부호는 무언의 항의인 셈이다. 말할 수 없음으로 말하기, 증언불가능성을 증언함으로써 증언하기, 이것이 "묵음 여섯 마디"에 얽힌 역사의 통증이다. 정희성 시인의 시 「백비」는 이를 두고 남긴 작품이기도 하다. 「못 갖춘 말」은 마래터널과 위령비에 얽힌 역사적 사건을 통해 백비의 침묵의 문장에 깃든 회환을 소환한다. (증언불가능성의 증언을 통해 역사의 시간을 묵묵히 견뎌내는 모습에서 왠지 자작나무처럼 묵묵한 수직의 고립으로 서 있는 한 사람의 모습이 겹쳐 보인다.)

이 시집에 실린 이른바 〈역사 연작〉들은 국가폭력이 동원한 혐오와 은폐의 정치술에 의해 죽음에 이른 존재들을 다시 불러내고 있다. 그들에 대한 역사의 애도작업이 아직 완결되지 않았기 때문이다. (이러한 사후애도는 시인이 자신의 아버지의 삶과 회환을 시인의 언어로 소환하고, 그 부끄러움과 죄책감의 심판장에 자신을 회부하는 것과 달라 보이지 않는다.) 외부화되고 소외된 모든 존재들의 이름이 바로 「호모 사케르」임은 당연하다. “재물로도 쓸 수 없고 죽음마저 무가치한 호모 사케르/오늘도 공공연히 은밀히 출력되고 있는 호모 사케르”가 지시하는 존재가 그 누구라고 될 수 있다는 사실을 시인은 “중하지 않은 목숨이 어디 있냐”라고 되묻는 방식으로 확인하고 있다.

죽음에 이른 그들의 삶이 살아남은 우리의 삶과 다르지 않다. 이 사실을 잊지 않기 위해 시인은 “나는 어느 사이 권력에 결탁한/구부러진 담론의 생산자가 되었던가”(「푸코의 담론」)라고 자문하는 것이다. 스스로를 심문에 회부하면서, 철저한 자기부정의 길을 마다하지 않으면서, 쓰러질 듯 결코 멈추지 않는 콘트라포스토의 꼴로, 시인은 길 위의 존재임을 마다하지 않는다. 시집의 마지막 즈음에 슬며시 배치된 「호모 비아토르」에는 길 위를 걷는 사람으로서의 출사표가 쓰여 있다. 시인 김종숙의 정신이 거기에 기록되어 있다. 일독을 권한다.

金永三 | 문학평론가

## 푸른사상 시선

1 광장으로 가는 길 | 이은봉 · 맹문재 엮음
2 오두막 황제 | 조재훈
3 첫눈 아침 | 이은봉
4 어쩌다가 도둑이 되었나요 | 이봉형
5 귀뚜라미 생포 작전 | 정원도
6 파랑도에 빠지다 | 심인숙
7 지붕의 등뼈 | 박승민
8 살찐 슬픔으로 돌아다니다 | 송유미
9 나를 두고 왔다 | 신승우
10 거룩한 그물 | 조항록
11 어둠의 얼굴 | 김석환
12 영화처럼 | 최희철
13 나는 너를 닮고 | 이선형
14 철새의 일인칭 | 서상규
15 죽은 물푸레나무에 대한 기억 | 권진희
16 봄에 덧나다 | 조혜영
17 무인 등대에서 휘파람 | 심창만
18 물결무늬 손뼈 화석 | 이종섶
19 맨드라미 꽃눈 | 김화정
20 그때 나는 학교에 있었다 | 박영희
21 달함지 | 이종수
22 수선집 근처 | 전다형
23 족보 | 이한걸
24 부평 4공단 여공 | 정세훈
25 음표들의 집 | 최기순
26 나는 지금 운전 중 | 윤석산
27 카페, 가난한 비 | 박석준
28 아내의 수사법 | 권혁소
29 그리움에는 바퀴가 달려 있다 | 김광렬
30 올랜도 간다 | 한혜영
31 오래된 숯가마 | 홍성운
32 엄마, 엄마들 | 성향숙
33 기룬 어린 양들 | 맹문재
34 반국 노래자랑 | 정춘근
35 여우비 간다 | 정진경
36 목련 미용실 | 이순주
37 세상을 박음질하다 | 정연홍
38 나는 지금 외출 중 | 문영규
39 안녕, 딜레마 | 정운희
40 미안하다 | 육봉수
41 엄마의 연애 | 유희주
42 외포리의 갈매기 | 강 민
43 기차 아래 사랑법 | 박관서
44 괜찮아 | 최은묵
45 우리집에 왜 왔니? | 박미라
46 달팽이 뿔 | 김준태
47 세온도를 그리다 | 정선호
48 너덜겅 편지 | 김 완
49 찬란한 봄날 | 김유섭
50 웃기는 짬뽕 | 신미균
51 일인분이 일인분에게 | 김은정
52 진뫼로 간다 | 김도수
53 터무니 있다 | 오승철
54 바람의 구문론 | 이종섶
55 나는 나의 어머니가 되어 | 고현혜
56 천만년이 내린다 | 유승도
57 우포늪 | 손남숙
58 봄들에서 | 정일남
59 사람이나 꽃이나 | 채상근
60 서리꽃은 왜 유리창에 피는가 | 임 윤
61 마당 깊은 꽃집 | 이주희
62 모래 마을에서 | 김광렬
63 나는 소금쟁이다 | 조계숙
64 역사를 외다 | 윤기묵
65 돌의 연가 | 김석환
66 숲 거울 | 차옥혜
67 마네킹도 옷을 갈아입는다 | 정대호
68 별자리 | 박경조
69 눈물도 때로는 희망 | 조선남
70 슬픈 레미콘 | 조 원
71 여기 아닌 곳 | 조항록
72 고래는 왜 강에서 죽었을까 | 제리안
73 한생을 톡 토독 | 공혜경
74 고갯길의 신화 | 김종상
75 고개 숙인 모든 것 | 박노식
76 너를 놓치다 | 정일관

77 **눈 뜨는 달력** | 김 선
78 **거꾸로 서서 생각합니다** | 송정섭
79 **시절을 털다** | 김금희
80 **발에 차이는 돌도 경전이다** | 김윤현
81 **성규의 집** | 정진남
82 **번함 공원에서 점을 보다** | 정선호
83 **내일은 무지개** | 김광렬
84 **빗방울 화석** | 원종태
85 **동백꽃 편지** | 김종숙
86 **달의 알리바이** | 김춘남
87 **사랑할 게 딱 하나만 있어라** | 김형미
88 **건너가는 시간** | 김황흠
89 **호박꽃 엄마** | 유순예
90 **아버지의 귀** | 박원희
91 **금왕을 찾아가며** | 전병호
92 **그대도 내겐 바람이다** | 임미리
93 **불가능을 검색한다** | 이인호
94 **너를 사랑하는 힘** | 안효희
95 **늦게나마 고마웠습니다** | 이은래
96 **버릴까** | 홍성운
97 **사막의 사랑** | 강계순
98 **베트남, 내가 두고 온 나라** | 김태수
99 **다시 첫사랑을 노래하다** | 신동원
100 **즐거운 광장** | 백무산 · 맹문재 엮음
101 **피어라 모든 시냥** | 김자흔
102 **염소와 꽃잎** | 유진택
103 **소란이 환하다** | 유희주
104 **생리대 사회학** | 안준철
105 **동태** | 박상화
106 **새벽에 깨어** | 여국현
107 **씨앗의 노래** | 차옥혜
108 **한 잎** | 권정수
109 **촛불을 든 아들에게** | 김창규
110 **얼굴, 잘 모르겠네** | 이복자
111 **너도꽃나무** | 김미선
112 **공중에 갇히다** | 김덕근
113 **새점을 치는 저녁** | 주영국
114 **노을의 시** | 권서각
115 **가로수의 수학 시간** | 오새미
116 **염소가 아니어서 다행이야** | 성향숙
117 **마지막 버스에서** | 허윤설
118 **장생포에서** | 황주경
119 **흰 말채나무의 시간** | 최기순
120 **을의 소심함에 대한 옹호** | 김민휴
121 **격렬한 대화** | 강태승
122 **시인은 무엇으로 사는가** | 강세환
123 **연두는 모른다** | 조규남
124 **시간의 색깔은 자신이 지향하는 빛깔로 간다** | 박석준
125 **뼈의 노래** | 김기홍
126 **가끔은 길이 없어도 가야 할 때가 있다** | 정대호
127 **중심은 비어 있었다** | 조성웅
128 **꽃나무가 중얼거렸다** | 신준수
129 **헬리패드에 서서** | 김용아
130 **유랑하는 달팽이** | 이기헌
131 **수제비 먹으러 가자는 말** | 이명윤
132 **단풍 콩잎 가족** | 이 철
133 **먼 길을 돌아왔네** | 서숙희
134 **새의 식사** | 김옥숙
135 **사북 골목에서** | 맹문재
136 **왜 네가 아니면 전부가 아닌지** | 정운희
137 **멸종위기종** | 원종태
138 **프엉꽃이 데려온 여름** | 박경자
139 **물소의 춤** | 강현숙
140 **목포, 에말이요** | 최기종
141 **식물성 구체시** | 고 원
142 **꼬치 아파** | 윤임수
143 **아득한 집** | 김정원
144 **여기가 막장이다** | 정연수
145 **곡선을 기르다** | 오새미
146 **사랑이 가끔 나를 애인이라고 부른다** | 서화성
147 **더글러스 퍼 널빤지에게** | 백수인
148 **나는 누구의 바깥에 서 있는 걸까** | 박은주
149 **풀이라서 다행이다** | 한영희
150 **가슴을 재다** | 박설희
151 **나무에 기대다** | 안준철
152 **속삭거려도 다 알아** | 유순예
153 **중딩들** | 이봉환
154 **수평은 동무가 참 많다** | 김정원
155 **황금 언덕의 시** | 김은정
156 **고요한 세계** | 유국환
157 **마스카라 지운 초승달** | 권위상

158 수궁가 한 대목처럼 | 장우원
159 목련 그늘 | 조용환
160 그대라면, 무슨 부탁부터 하겠는가 | 박경조
161 동행 | 박시교
162 광부의 하늘이 무너졌다 | 성희직
163 천년에 아흔아홉 번 | 김려원
164 이별 후에 동네 한 바퀴 | 이인호
165 무릉별유천지 사람들 | 이애리
166 오늘의 지층 | 조숙향
167 오른쪽 주머니에 사탕 있는 남자 찾기 | 김임선
168 소리들 | 정 온
169 울음의 기원 | 강태승
170 눈 맑은 낙타를 만났다 | 함진원
171 노살된 황소를 위한 기도 | 김옥성
172 그날의 빨강 | 신수옥
173 의지와 표상으로서의 세계이니 | 박석준
174 촛불 하나가 등대처럼 | 윤기묵
175 목을 꺾어 슬픔을 죽이다 | 김이하
176 미시령 | 김 림
177 소나무 방정식 | 오새미
178 골목 수집가 | 추필숙
179 지워진 길 | 임 윤
180 달이 파먹다 남은 밤은 캄캄하다 | 조미희
181 꽃도 서성일 시간이 필요하다 | 안준철
182 안산행 열차를 기다린다 | 박봉규
183 읽기 쉬운 마음 | 박병란
184 그림자를 옮기는 시간 | 이미화
185 햇볕 그 햇볕 | 황성용
186 내가 지켜내려 했던 것들이 나를 지키고 | 김용아
187 신을 잃어버렸어요 | 이성혜
188 웃음과 울음 사이 | 윤재훈
189 그 길이 불편하다 | 조혜영
190 귤과 달과 그토록 많은 날들 속에서 | 홍순영
191 버려진 말들 사이를 걷다 | 봉윤숙
192 나는 그를 지우지 못한다 | 정원도
193 시인 안에 북적이는 찌꺼기들 | 최일화
194 세렝게티의 자비 | 전해윤
195 고양이의 저녁 | 박원희
196 고요한 세상의 쓸쓸함은 물밑 한 뼘 어디쯤일까 |
금시아
197 순포라는 당신 | 이애리
198 고요한 노동 | 정세훈
199 별 | 정일관
200 시간의 색깔은 꽃나무처럼 환하다 |
백무산 · 맹문재 엮음
201 꽃에 쏘였다 | 이혜순
202 우수와 오수 사이 | 이 윤
203 열렬한 심혈관 | 양선주
204 머문 날들이 많았다 | 박현우
205 죄의 바탕과 바닥 | 강태승
206 곰팡이도 꽃이다 | 윤기묵
207 지팡이는 자꾸만 아버지를 껴입어 | 이혜민
208 진뫼 오리길 | 김도수
209 연하리를 닮다 | 정유경
210 체위에 관한 질문 | 박미현
211 고 씨의 평미레 | 이주희
212 숲속 헌책방에서 | 강최현숙
213 부서지는 방식 | 이지우
214 등 속의 집 | 송기흥
215 구름 사내 | 주영국
216 개미는 노동으로 외로운 문을 연다 | 오기화
217 밀물의 숲 | 박미영
218 너는 오월로 서 있다 | 이효복
219 시로 쓴 생물도감 | 원종태
220 소리를 접어 바람의 노래를 불러요 | 조정숙

김종숙 시집

# 아무래도 바다가 책이다